¿DE DÓNDE VINO LA TIERRA?

Dr. Joshua Lawrence Patel Deutsch

Al inicio de todo, hace casi 14 mil millones de años, toda la materia y la energía del universo existían en un espacio pequeño, inimaginablemente denso y caliente. Es posible que nuestro universo haya comenzado siendo no más grande que una persona.

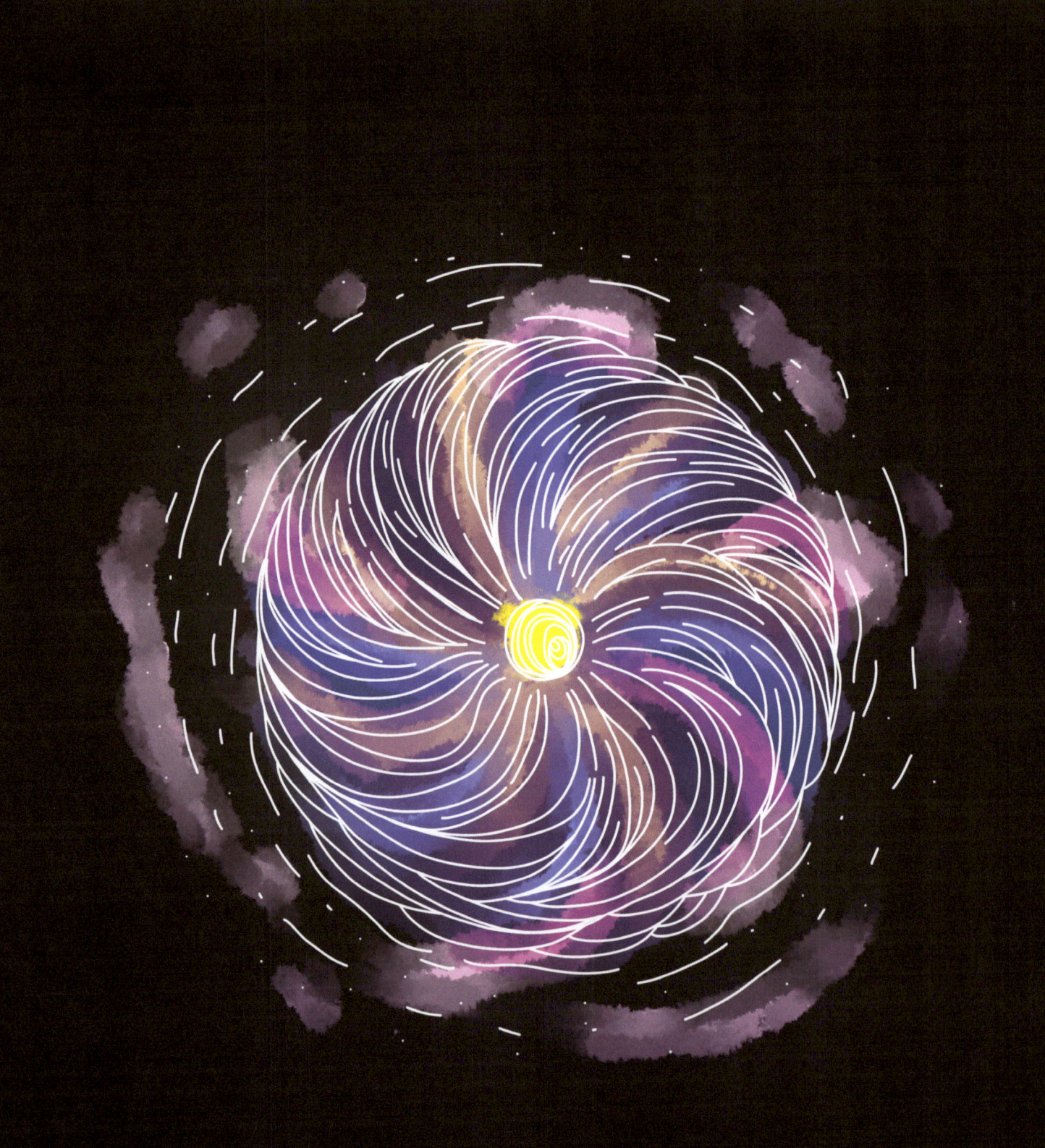

A partir de ese momento, la materia y la energía se dispersaron en todas direcciones. Se expandió del tamaño de una persona a un tamaño astronómico en una fracción de segundo. Este fue el nacimiento de nuestro universo, un evento conocido como Big Bang.

Los científicos conocieron el Big Bang observando las estrellas. En la década de 1910, el astrónomo Vesto Slipher observó que la mayoría de las estrellas distantes se alejan de nosotros en todas direcciones. En la década de 1920, el astrónomo Edwin Hubble calculó que cuanto más distante está una estrella, más rápido se aleja. Estas observaciones revelaron que el universo se está expandiendo. Además, al medir el movimiento de las estrellas hacia atrás en el tiempo, queda claro que cuanto más retrocedemos, las estrellas se acercan más. Los científicos calculan que toda la materia se originó en el mismo lugar hace unos 14 mil millones de años.

Edwin Hubble (1889-1953)

La teoría del Big Bang fue ampliamente aceptada después de 1965, cuando científicos con telescopios especializados detectaron ondas de energía del Big Bang llamadas radiación cósmica de fondo de microondas. Estas ondas se propagan uniformemente por el espacio exterior y coinciden con las características esperadas de las ondas de energía producidas por el Big Bang.

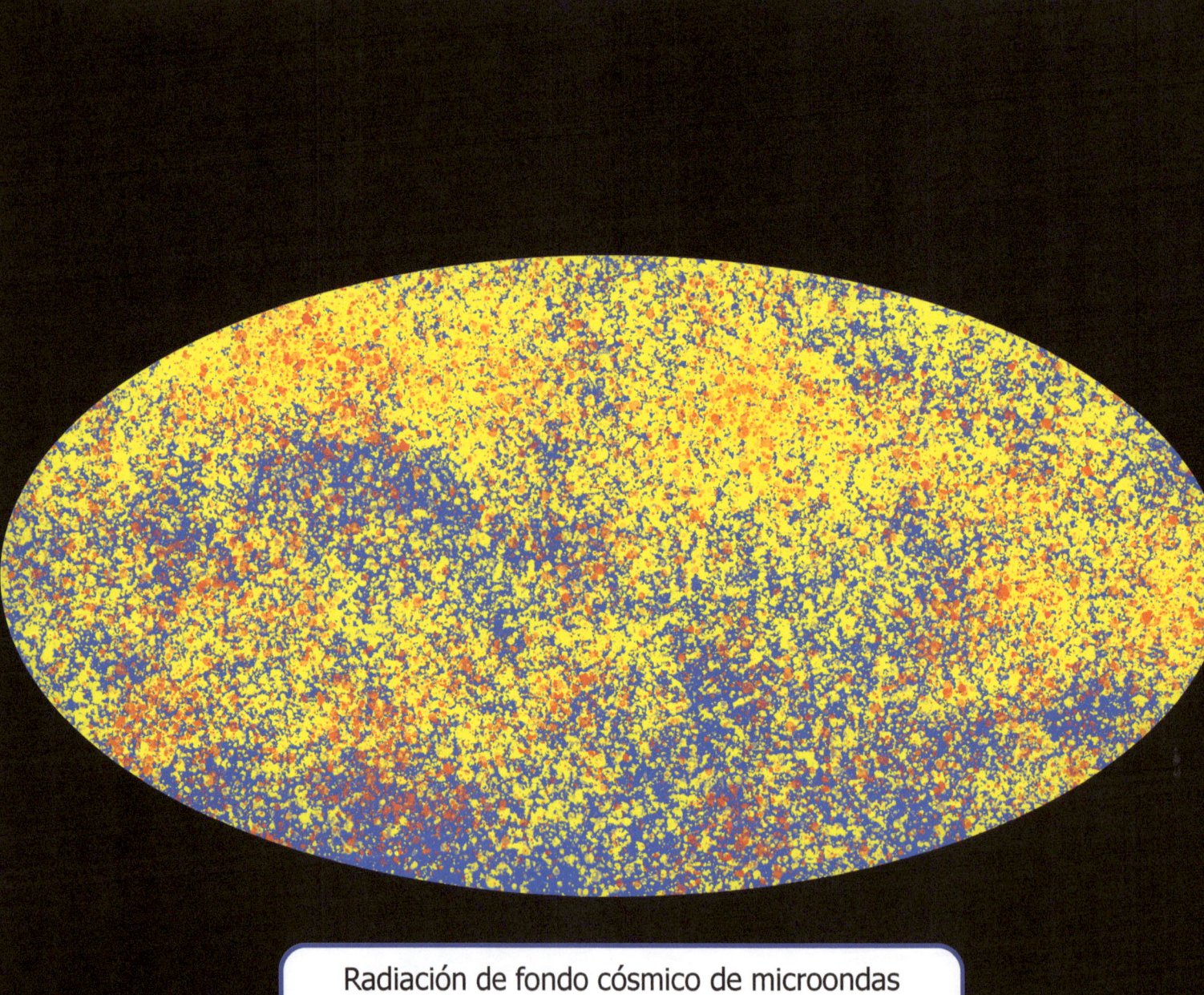

Radiación de fondo cósmico de microondas observada a través de telescopios especializados.

Después del Big Bang, la mayor parte de la materia del universo era "materia oscura" invisible. El resto de la materia constituye todo lo que podemos ver. En cuestión de minutos, esta materia ordinaria se transformó en los núcleos de átomos de hidrógeno y helio, los más pequeños y comunes de todos los átomos. Estos átomos se agruparon en gigantescas nubes de gas, incluso mientras el universo seguía expandiéndose.

Los átomos son los componentes básicos de la materia normal. Son demasiado pequeños para ser vistos, pero son detectables y mensurables mediante métodos científicos. Si rompes cualquier objeto en pedazos pequeños y sigues rompiéndolos una y otra vez, terminarás con átomos. Los átomos, a su vez, están formados por partículas aún más pequeñas, que se agrupan para formar los 92 tipos diferentes de átomos que se encuentran en la naturaleza. Diferentes combinaciones de átomos son responsables de las diferencias que vemos en los objetos ordinarios. Por ejemplo, el agua se diferencia del concreto porque las dos sustancias están formadas por diferentes combinaciones de átomos.

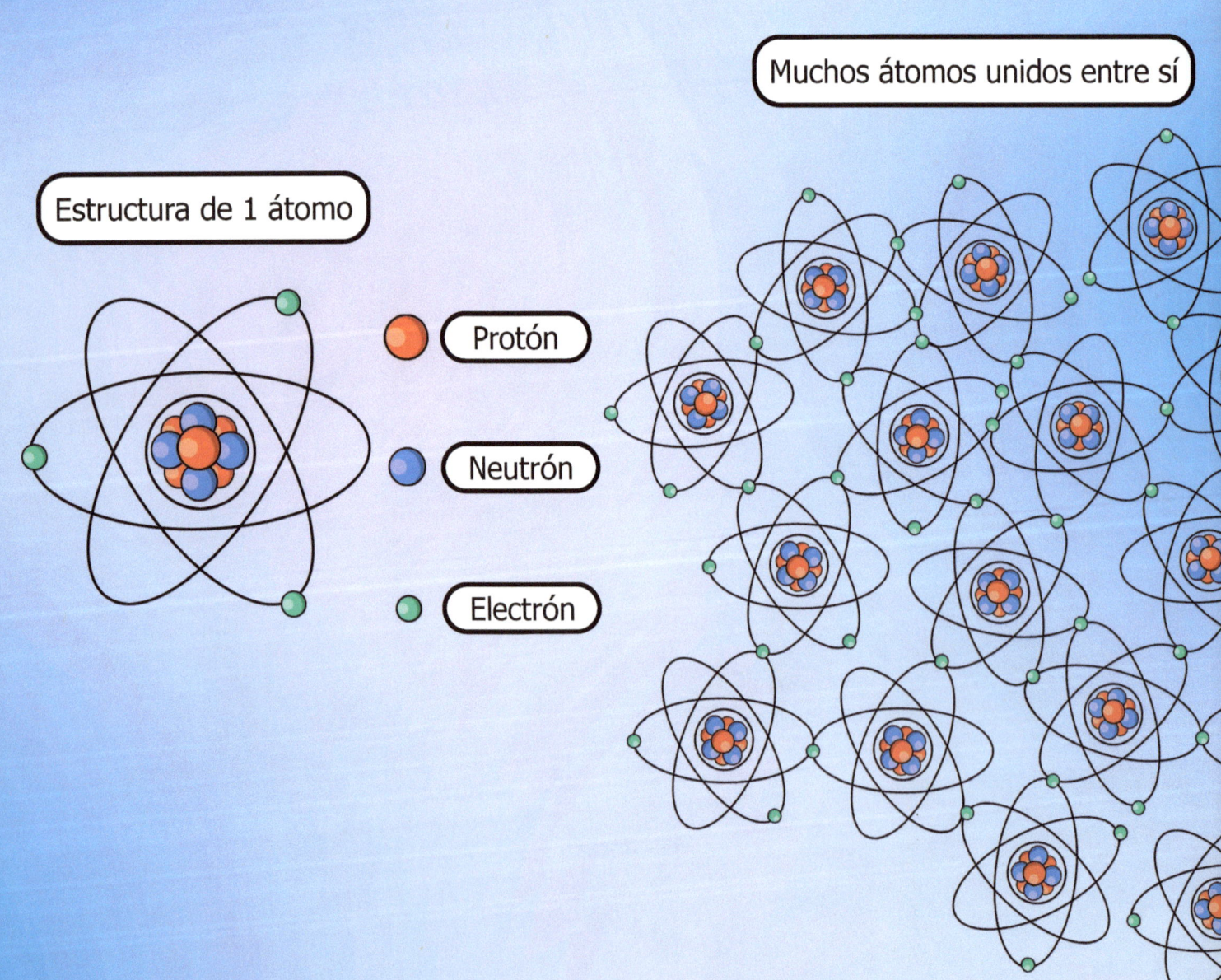

La materia tiene una fuerza llamada gravedad que atrae los objetos entre sí. Cuanto más pesado es el objeto, más fuerza gravitacional tiene. La gravedad de la Tierra te empuja hacia el suelo cuando saltas. Si la Tierra no tuviera gravedad, ¡podrías saltar hacia el espacio exterior!

Fuerza de gravedad

Debido a la fuerza de la gravedad, las nubes de gas de átomos de hidrógeno y helio, formadas después del Big Bang, se condensaron en estrellas y planetas. La formación de estrellas y planetas lleva millones de años y ¡siguen naciendo nuevas estrellas y planetas incluso hasta el día de hoy! Recuerda que la mayor parte de la materia del universo es "materia oscura" invisible, que también tiene gravedad. La gravedad de la materia oscura juega un papel importante en la organización del universo. De hecho, aprendimos sobre la materia oscura midiendo una gravedad superior a la que podría producir la materia ordinaria.

Formación de estrellas y planetas

1. Se forma una nube gigante de gas y polvo
2. Comienzan a formarse grumos dentro de la nube
3. El núcleo de la estrella emergente se vuelve denso
4. El núcleo se condensa formando una estrella joven rodeada por un disco de polvo
5. A partir del disco se forman planetas y nace un nuevo sistema solar

Debido a su enorme masa, la gravedad de una estrella es tan fuerte que los átomos del centro se fusionan formando átomos más grandes. Este proceso libera calor y luz. Nuestro sol es una estrella, como muchas otras en el cielo nocturno. La fusión de átomos en el centro del sol genera el calor y la luz que hacen posible la vida en la Tierra. La temperatura del sol es de 27 millones de grados Fahrenheit (15 millones de grados Celsius) en el centro y diez mil grados Fahrenheit (5500 grados Celsius) en la superficie. Si bien muchas otras estrellas son tan poderosas como nuestro sol, ninguna está lo suficientemente cerca de la Tierra como para que podamos sentir su calor o ver su luz durante el día.

Gravedad
Fusión
Calor + luz

Protón
Neutrón

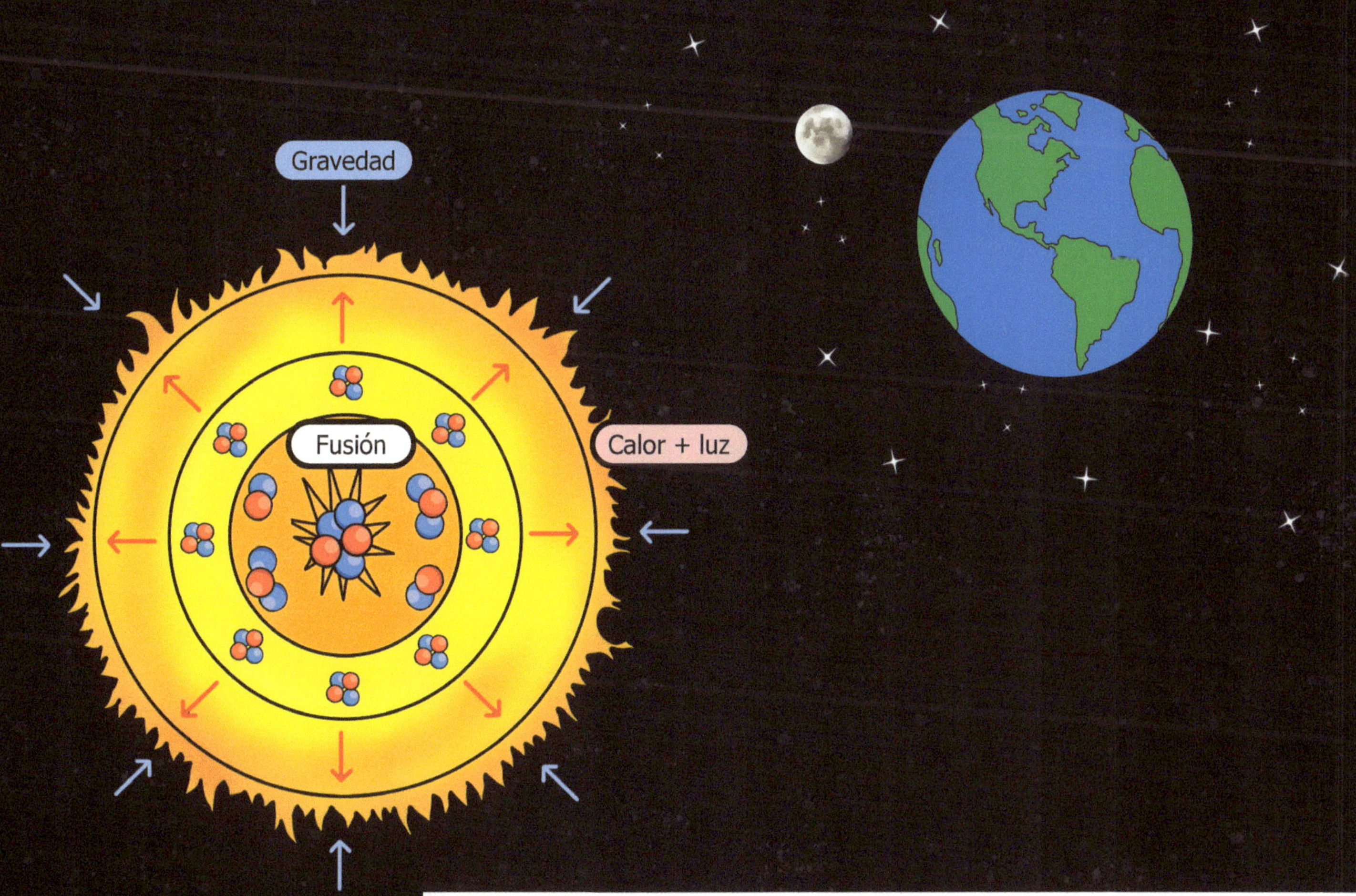

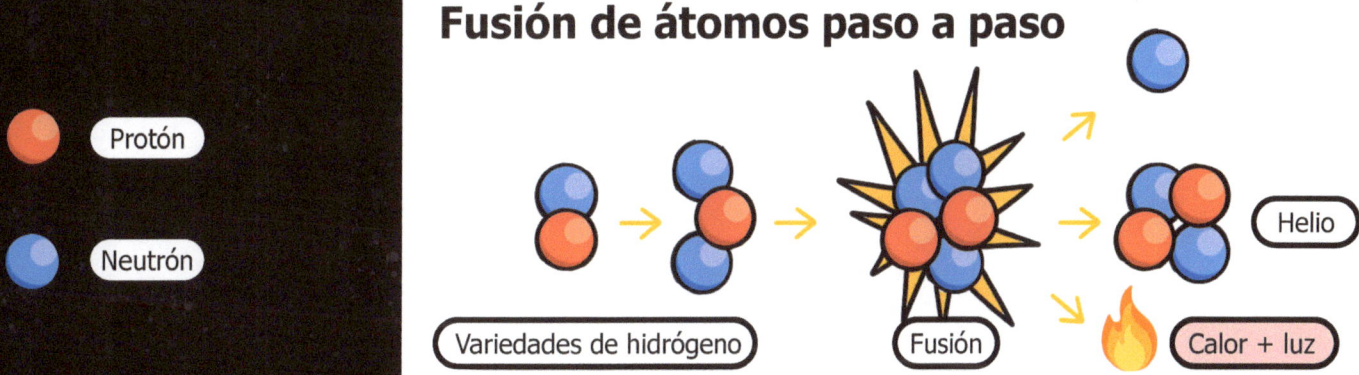

Fusión de átomos paso a paso

Helio
Variedades de hidrógeno
Fusión
Calor + luz

Cuando los átomos de hidrógeno y helio se fusionan en el centro de las estrellas, forman átomos más grandes como carbono, oxígeno, nitrógeno y hierro. Si una estrella explota (supernova) al final de su vida, los átomos más grandes se dispersan y se envían a otras partes del universo, donde pueden incorporarse a nuevas estrellas o planetas como el nuestro. La Tierra tuvo la suerte de recibir grandes cantidades de átomos más grandes, que más tarde se convirtieron en los componentes básicos de la vida.

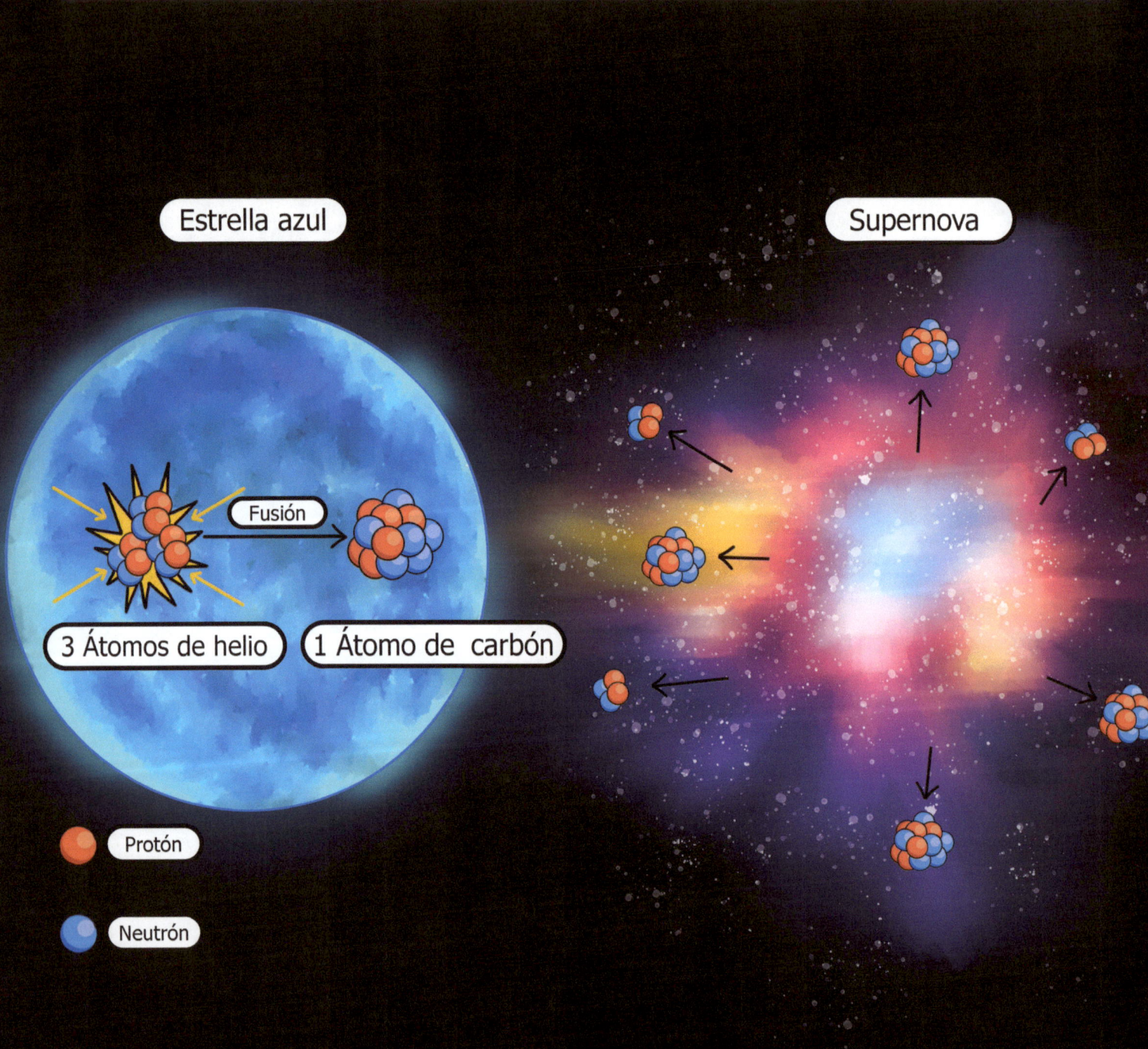

La Tierra, y toda la vida en la Tierra, está hecha de polvo estelar. Nuestro aire está compuesto de oxígeno y nitrógeno. El agua está hecha de oxígeno e hidrógeno. Las plantas y los animales están construidos con carbono y los genes de la vida contienen carbono, oxígeno y nitrógeno. El hierro en nuestra sangre transporta oxígeno por todo nuestro cuerpo, lo que nos ayuda a convertir los alimentos en energía. Todos estos átomos más grandes se formaron en el centro de estrellas que explotaron hace mucho tiempo.

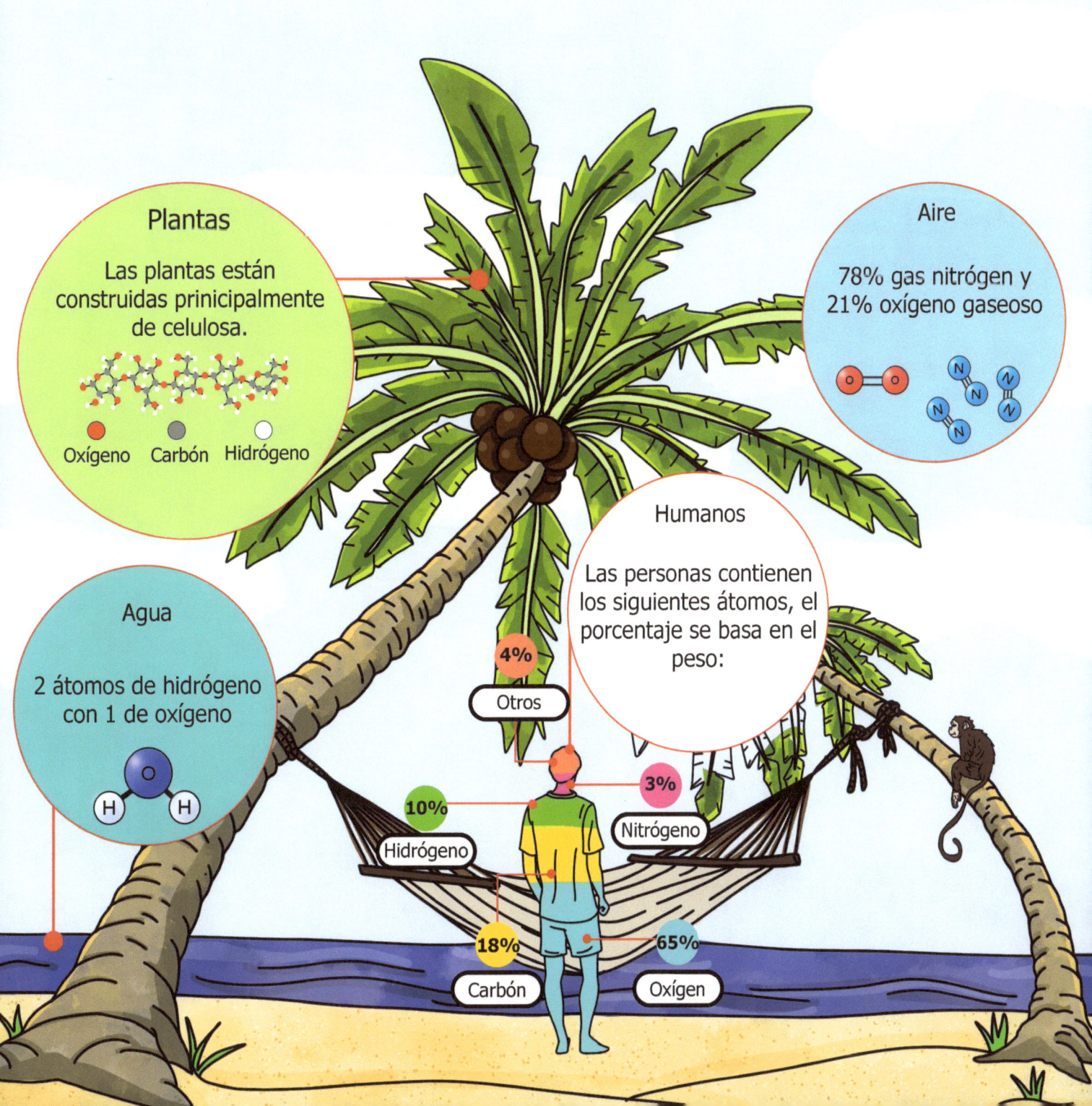

La Tierra vive en un vecindario de 8 planetas que giran alrededor del sol. A este vecindario lo llamamos "sistema solar". El sol es más grande que un millón de Tierras y 591 veces más grande que los ocho planetas juntos. La gravedad del sol mantiene a los planetas en órbita circular. Es como sujetar una pelota por una cuerda y girarla en círculo. La distancia entre el Sol y la Tierra es de 93 millones de millas (149 millones de kilómetros). Somos el tercer planeta desde el sol.

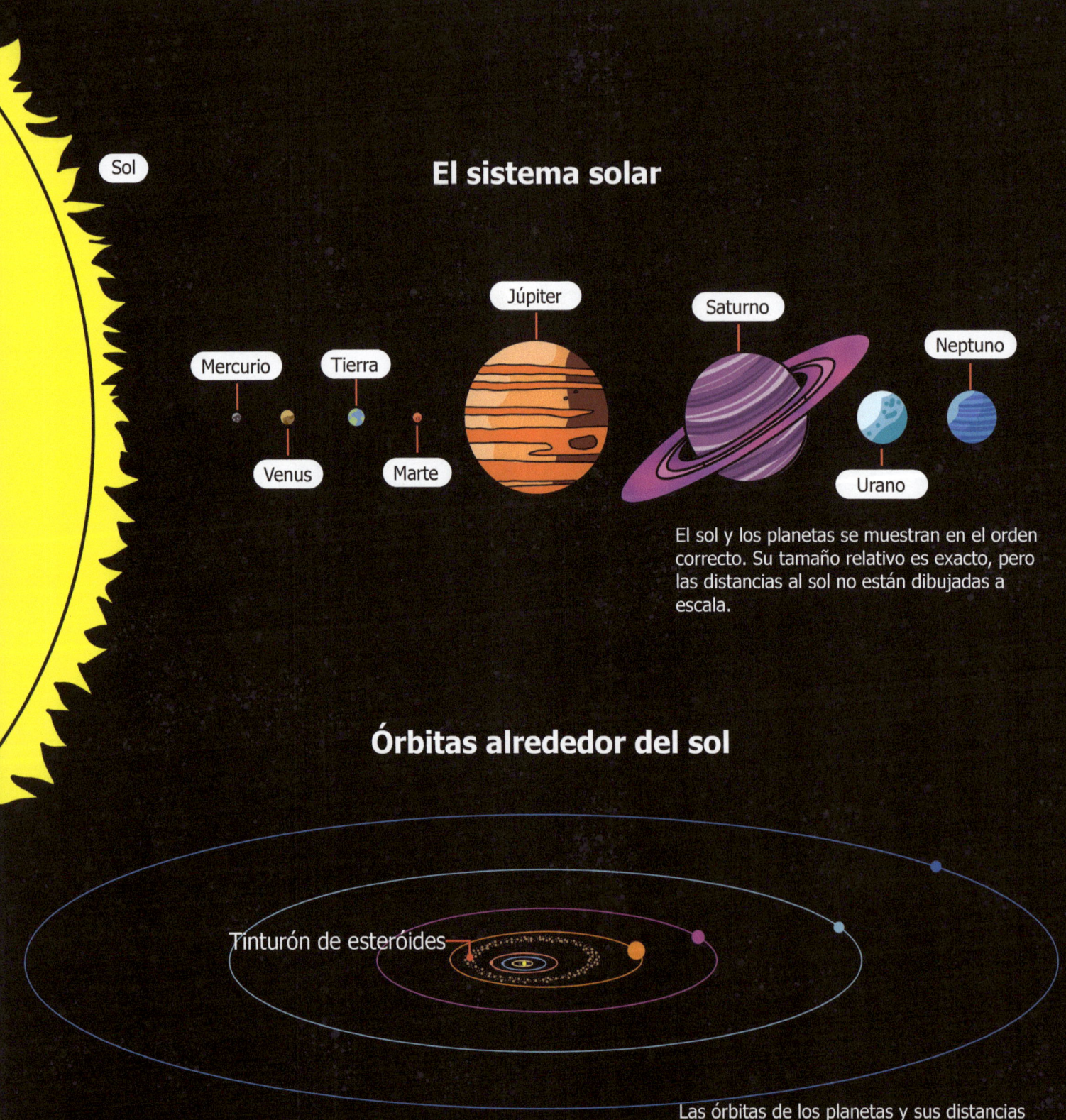

El sistema solar

Sol, Mercurio, Venus, Tierra, Marte, Júpiter, Saturno, Urano, Neptuno

El sol y los planetas se muestran en el orden correcto. Su tamaño relativo es exacto, pero las distancias al sol no están dibujadas a escala.

Órbitas alrededor del sol

Cinturón de esteroides

Las órbitas de los planetas y sus distancias relativas al sol están dibujadas con precisión

Nuestro sistema solar se formó hace unos 4.600 millones de años a partir de nubes de gas y rocas. Parte de este material provino directamente del Big Bang, pero la mayor parte fue reciclado de estrellas que explotaron y liberaron sus gases al espacio exterior. El sol capturó la mayor parte de la nube de gas y los planetas, lunas y asteroides capturaron la mayor parte del resto. La rotación de los planetas alrededor del Sol es una continuación del movimiento de la nube de gas original. El material que se movía a velocidad y dirección equivocadas se desvió hacia el espacio o chocó contra el sol mientras se estaba formando el sistema solar.

Formación del sistema solar

Un año es el tiempo que tarda un planeta en dar una vuelta completa alrededor del sol. Si tienes cinco años en la Tierra, ¡has dado cinco vueltas al Sol! Sin embargo, Mercurio, el planeta más cercano al sol, da cuatro revoluciones alrededor del sol antes de que nosotros terminemos una. Por lo tanto, ¡el mismo niño de cinco años de la Tierra que vive en Mercurio tendría veinte años de Mercurio!

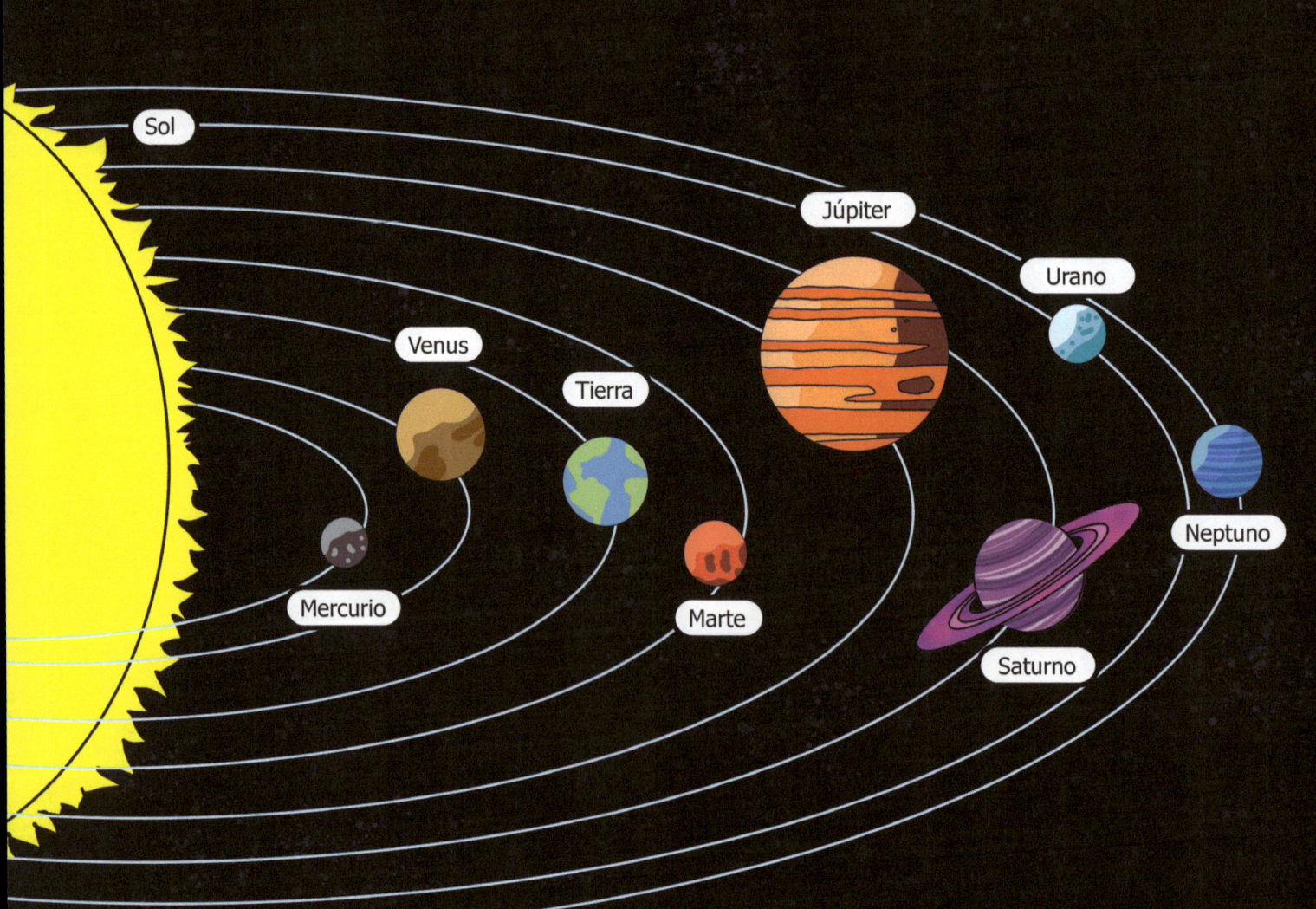

Planeta	1 orbita	Tiempo de la Tierra
Mercurio	1 año de Mercurio equivale a...	88 dias terrestres
Venus	1 año de Venus equivale a...	225 dias terrestres
Tierra	1 año terrestre equivale a...	365 dias terrestres
Marte	1 año de Marte equivale a...	687 dias terrestres
Júpiter	1 año de Júpiter equivale a...	12 años terrestres
Saturno	1 año de Saturno equivale a...	30 años terrestres
Urano	1 año de Urano equivale a...	84 años terrestres
Neptuno	1 año de Neptuno equivale...	165 años terrestres

La inclinación de la Tierra con respecto al sol provoca el cambio de estaciones. Durante parte de la rotación de la Tierra alrededor del Sol, nos inclinamos hacia el Sol y experimentamos el verano. Cuando nos inclinamos lejos del sol, llegamos al invierno. Ten en cuenta que cuando el Norte se inclina hacia el sol, el Sur se inclina hacia afuera. En consecuencia, cuando es invierno en el Norte, es verano en el Sur. Cerca del ecuador, la Tierra apenas se inclina, por lo que hay mucha menos variación estacional.

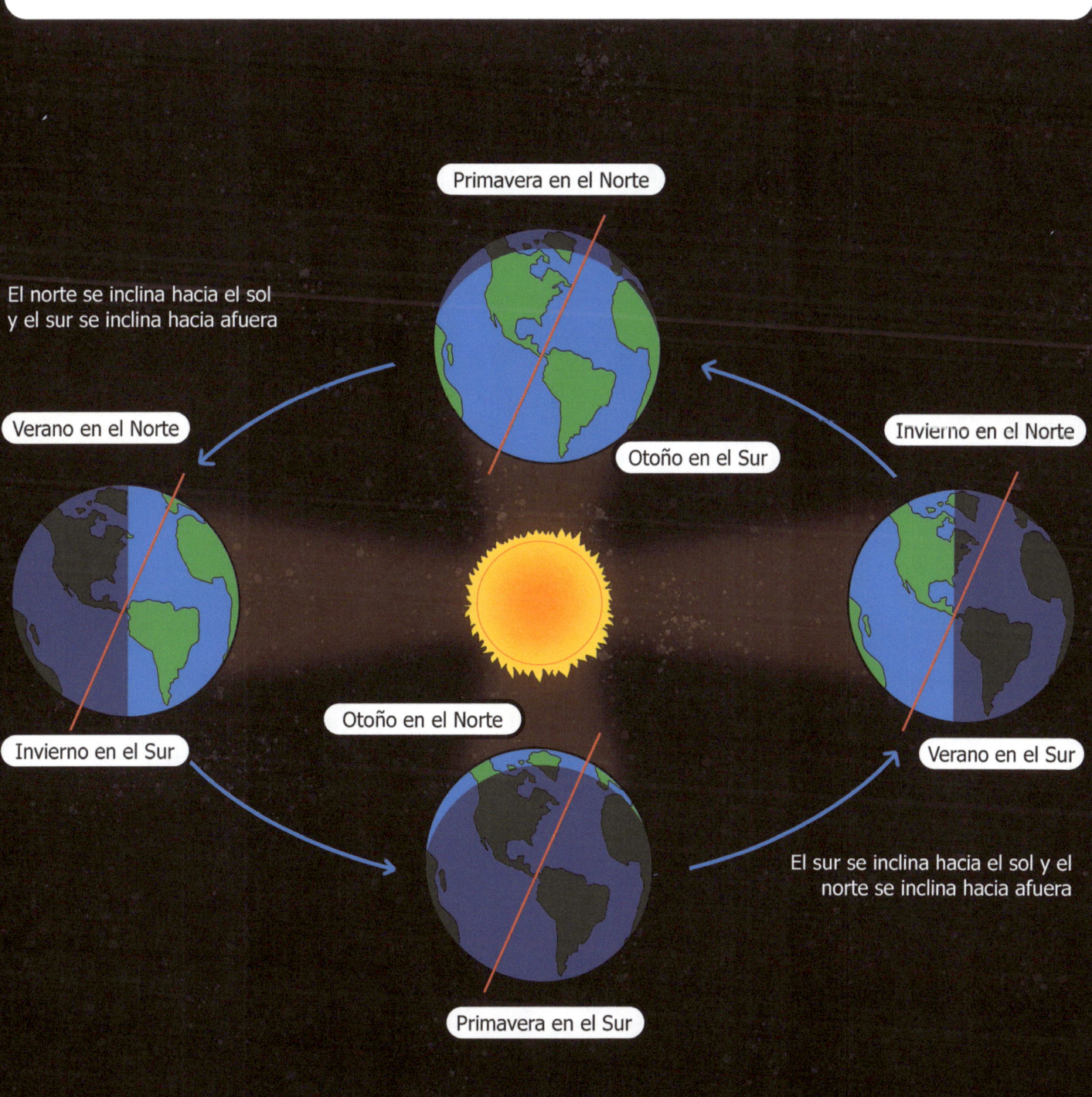

A medida que la Tierra viaja alrededor del sol, también gira como una pelota de baloncesto en el dedo de un jugador. La rotación la Tierra provoca el día y la noche. El día ocurre cuando nuestra parte de la Tierra mira hacia el sol. Cuando nos alejamos del sol, se hace de noche. Ten en cuenta que cuando para ti es de día, en la otra parte del mundo es de noche. Además, la duración del día es diferente en cada planeta. Mientras que la Tierra tiene un día de 24 horas, Marte tiene un día de 25 horas y, en Venus, que gira lentamente, ¡un día dura 5.832 horas!

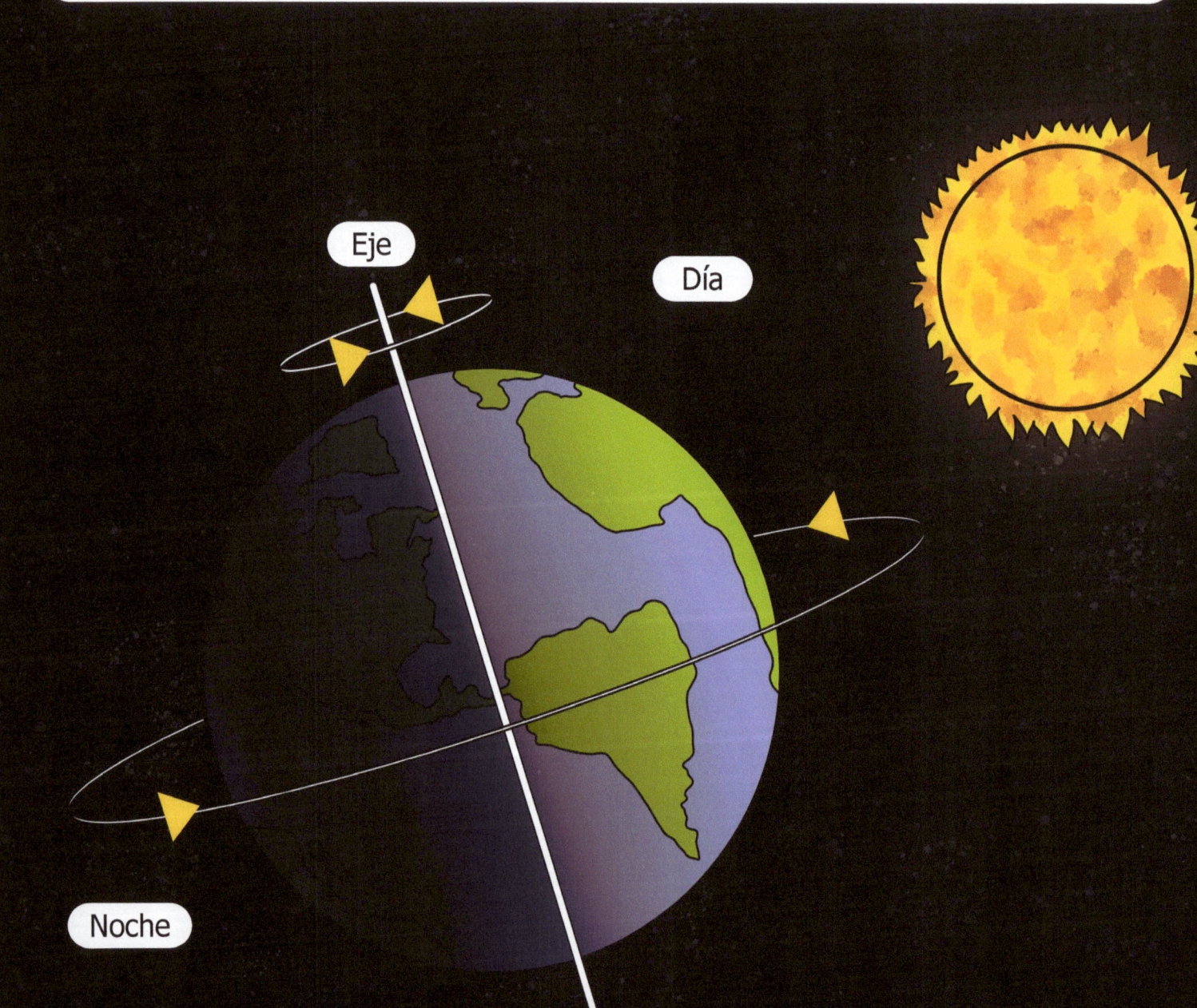

La Tierra gira alrededor del Sol a una velocidad de 67.000 millas (107.000 kilómetros) por hora. Al mismo tiempo, gira como una pelota de baloncesto a 1.000 millas (1.600 kilómetros) por hora en el ecuador. No podemos sentir estos movimientos porque todo lo que nos rodea se mueve a la misma velocidad. Del mismo modo, puedes viajar en un coche a toda velocidad y sentir que no te mueves. Dondequiera que vayamos en la Tierra, la gravedad nos mantiene a nosotros y a todo lo que nos rodea conectados a la superficie. Durante la mayor parte de la historia de la humanidad, la gente supuso que la Tierra era plana y que el Sol giraba alrededor de la Tierra. Es natural para nosotros asumir que las cosas son tal como las percibimos. Sin embargo, la ciencia muchas veces descubre que nuestras percepciones son muy diferentes a la realidad.

Puesta de sol desde la tierra

Puesta de sol desde el espacio

Las lunas orbitan alrededor de los planetas de la misma manera que los planetas orbitan alrededor de las estrellas. Cuando una luna viaja por el espacio, la gravedad de su planeta la empuja a realizar un movimiento circular. La Tierra tiene una luna, la cual tiene un cuarto del tamaño de la Tierra, que aporta luz y belleza al cielo nocturno. Mercurio y Venus no tienen lunas, Marte tiene dos lunas pequeñas y Saturno tiene 146 lunas en total. Los planetas adquieren sus lunas de cuatro maneras diferentes. La primera manera, algunas lunas se formaron junto a sus planetas a partir de la nube de gas original durante el nacimiento del sistema solar. La segunda manera en que las lunas pueden formarse es cuando pedazos de un planeta se desprenden durante su formación. La tercera manera es que los planetas pueden capturar lunas cuando los asteroides (pequeños planetas que orbitan alrededor del sol) son arrastrados a la órbita del planeta. Por último, las colisiones entre planetas, o entre un planeta y un asteroide, pueden provocar fragmentación y el material expulsado se convierte en una luna.

La luna

La Tierra

La mayoría de los científicos creen que la luna de la Tierra fue el resultado de una colisión. Según esta teoría, hace unos 4.500 millones de años, poco después de la formación de la Tierra, la Tierra chocó con un planeta llamado Theia. Theia tenía la mitad del tamaño de la Tierra y viajaba demasiado cerca de la órbita terrestre. Theia se fragmentó durante la colisión, parte de ella se fusionó con la Tierra y otra parte se mezcló con escombros de la Tierra para formar la luna. La evidencia de esta teoría proviene de muestras de suelo y rocas lunares recolectadas por humanos que viajaron a la Luna en cohetes entre 1969 y 1972. Las diferencias entre la Luna y la Tierra sugieren que no se formaron juntas, pero la Luna también contiene material que probablemente vino desde la Tierra. La explicación más probable es una colisión entre la Tierra y otro planeta, y las simulaciones por computadora muestran cómo pudo haber ocurrido esta colisión.

Theia

La Tierra antes de que se formaran los oceanos

La "luz" de la luna es en realidad la luz del sol que se refleja en la superficie de la luna. La luna no tiene luz propia. Aunque el sol siempre brilla sobre la mitad de la superficie de la luna, la cantidad de "luz lunar" que vemos cambia cada noche a medida que la luna orbita la Tierra, lo que hace que parezca que la luna está cambiando de forma. Cuando no hay luna visible, se llama "luna nueva" y cuando la luna aparece como un círculo completo, se llama "luna llena". El ciclo completo de luna nueva a luna nueva, o de luna llena a luna llena, dura 29,5 días, correspondiente al tiempo que tarda la luna en orbitar una vez alrededor de la Tierra. La previsibilidad del ciclo lunar ha sido útil para las sociedades humanas para crear calendarios y medir el tiempo. Aunque la mayoría de las sociedades utilizan ahora calendarios basados en el sol, muchos días festivos todavía se programan utilizando calendarios lunares, y un mes es aproximadamente el tiempo de un ciclo lunar.

La vida en la Tierra comenzó en los océanos hace 3.800 millones de años. Las primeras formas de vida eran pequeñas y simples como las bacterias, pero finalmente evolucionaron hasta convertirse en los organismos complejos que vemos hoy. La Tierra tiene dos grandes ventajas que facilitan la vida. Primero, heredamos átomos más grandes como el carbono, el oxígeno, el nitrógeno y el hierro, que sirven como componentes básicos de la vida. Sin oxígeno no podría haber agua y la vida en la Tierra necesita agua para sobrevivir. En segundo lugar, nuestra distancia del sol nos proporciona un clima moderado. En comparación, Venus, que está más cerca del Sol, tiene una temperatura promedio de 470 grados Celsius, por lo que el agua se convertiría instantáneamente en vapor. Marte, que está más lejos del sol, tiene una temperatura promedio de -63 grados centígrados, por lo que el agua superficial se congelaría. Es mucho más difícil que exista vida en estas condiciones extremas.

Venus

Marte

Tierra

Los científicos creen que la primera forma de vida surgió por casualidad. En los océanos de la Tierra primitiva, los átomos básicos podían mezclarse como ingredientes en una sopa hasta formar ARN, una configuración de átomos que puede copiarse a sí misma. Una vez establecidos, estos ARN podrían interactuar para crear mejores estructuras que sustentan la vida, y las mejoras se producirán con el tiempo. La creación espontánea de vida probablemente ocurrió sólo una vez, y la vida posterior evolucionó a partir de formas de vida anteriores. Toda la vida en la Tierra todavía utiliza ARN, que copia genes (rasgos innatos adquiridos de los padres) y transmite información de esos genes al resto del cuerpo.

ARN

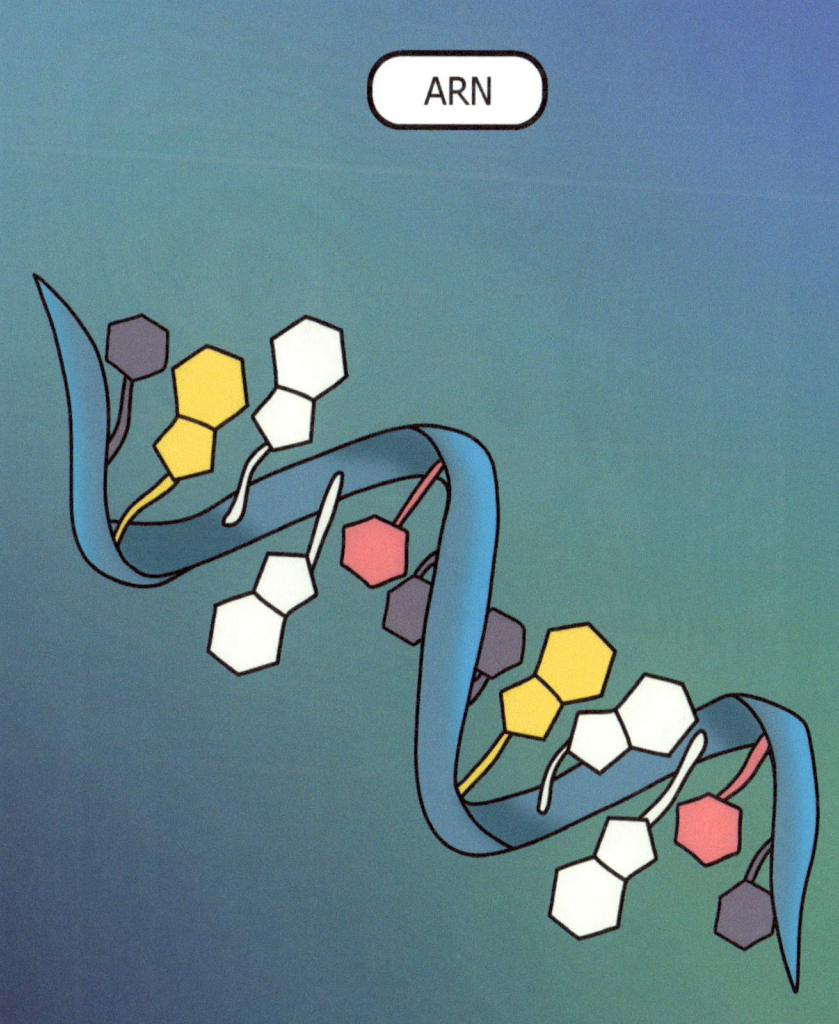

La vida es improbable y especial. En la Tierra, tenemos la suerte de tener una increíble diversidad de formas de vida avanzadas e inteligentes. Los humanos, además, somos inteligentes y tecnológicos, lo que nos hace capaces de explorar los misterios de nuestro universo. En la actualidad, no somos conscientes de la existencia de vida en ningún otro planeta excepto el nuestro. Sin embargo, dado el tamaño del universo, con miles de millones de billones de planetas, debe haber más planetas similares a la Tierra donde la vida tal como la conocemos podría evolucionar. Además, puede haber vías alternativas para crear y sostener vida en planetas diferentes al nuestro. Estos ejemplos, si se descubren, podrían cambiar nuestra comprensión de qué es la vida y cuánta vida hay ahí fuera.

¿Deberíamos buscar vida en otros planetas? Desde luego, el descubrimiento de vida en otros mundos profundizaría nuestra comprensión de nuestro lugar en el universo. Potencialmente, otros mundos podrían tener conocimientos o recursos que nos sean útiles. Sin embargo, el encuentro de dos mundos también podría ser peligroso. El otro mundo podría ser mucho más primitivo o mucho más avanzado que el nuestro. Un mundo podría intentar apoderarse del otro o podría transmitir enfermedades accidentalmente. Las civilizaciones tecnológicas como la nuestra, capaces de explorar el espacio, también son capaces de provocar una destrucción increíble. Es posible que estas civilizaciones no sobrevivan más allá de cierto punto sin abrazar la paz y la sostenibilidad ambiental. Según esta lógica, existe la esperanza de que una civilización alienígena avanzada elija hacerse amiga de nosotros, en lugar de destruirnos. Del mismo modo, debemos abrazar la paz en nuestro propio mundo antes de buscar otros.

El universo todavía se está expandiendo tan rápido que las estrellas distantes se alejan de nosotros más rápido que la luz. Esto puede parecer imposible, ya que existen leyes de la física que indican que nada puede viajar más rápido que la luz. Sin embargo, el universo no viaja en el sentido tradicional. Las estrellas y los planetas mismos no se mueven ni siquiera cerca de la velocidad de la luz. En cambio, el espacio dentro del universo se estira, se hincha o se infla como un globo. La velocidad a la que los objetos se separan, a medida que el espacio se infla, es proporcional a su distancia de separación. Por lo tanto, mientras las estrellas distantes se separan más rápido que la luz, las estrellas más cercanas a nosotros apenas se separan e incluso pueden acercarse. El tamaño estimado del universo observable es de 94 mil millones de años luz de diámetro. Esto significa que, si pudieras congelar la expansión del universo y hacer brillar una luz desde un lado, llegaría al otro lado en 94 mil millones de años. En comparación, la luz del sol llega a la Tierra en ocho minutos y veinte segundos. Dado que el universo, en realidad, continúa expandiéndose más rápido que la luz, escapar de los límites de nuestro universo observable es imposible.

Universo en expansión

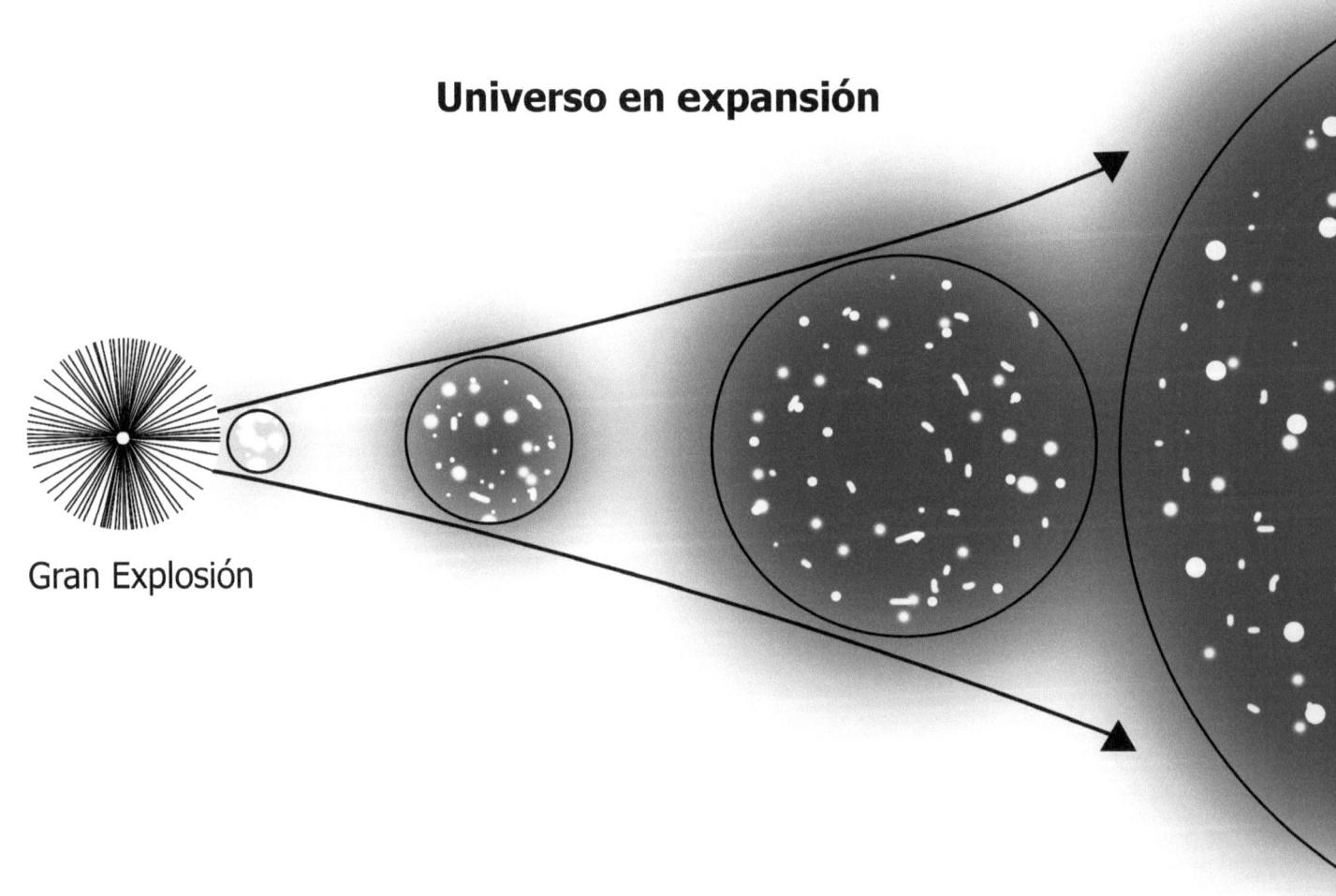

Gran Explosión

¿Por qué el universo sigue expandiéndose? ¡No sólo sigue expandiéndose, sino que se está expandiendo más rápido con el tiempo! Una vez finalizado el Big Bang, la gravedad, en teoría, debería frenar la expansión e incluso podría reducir el universo hacia dentro sobre sí mismo. La materia volvería a juntarse, recreando las condiciones originales antes del Big Bang. Pero esto no es lo que está sucediendo. Los científicos especulan que debe haber una fuerza misteriosa llamada "energía oscura" que se opone a la gravedad y empuja al universo hacia afuera. La fuerza de la energía oscura sigue siendo la misma, mientras que los efectos de la gravedad se debilitan a medida que el universo se expande. En consecuencia, basándose en el modelo actual, los científicos predicen que el universo se expandirá para siempre y la tasa de expansión solo aumentará.

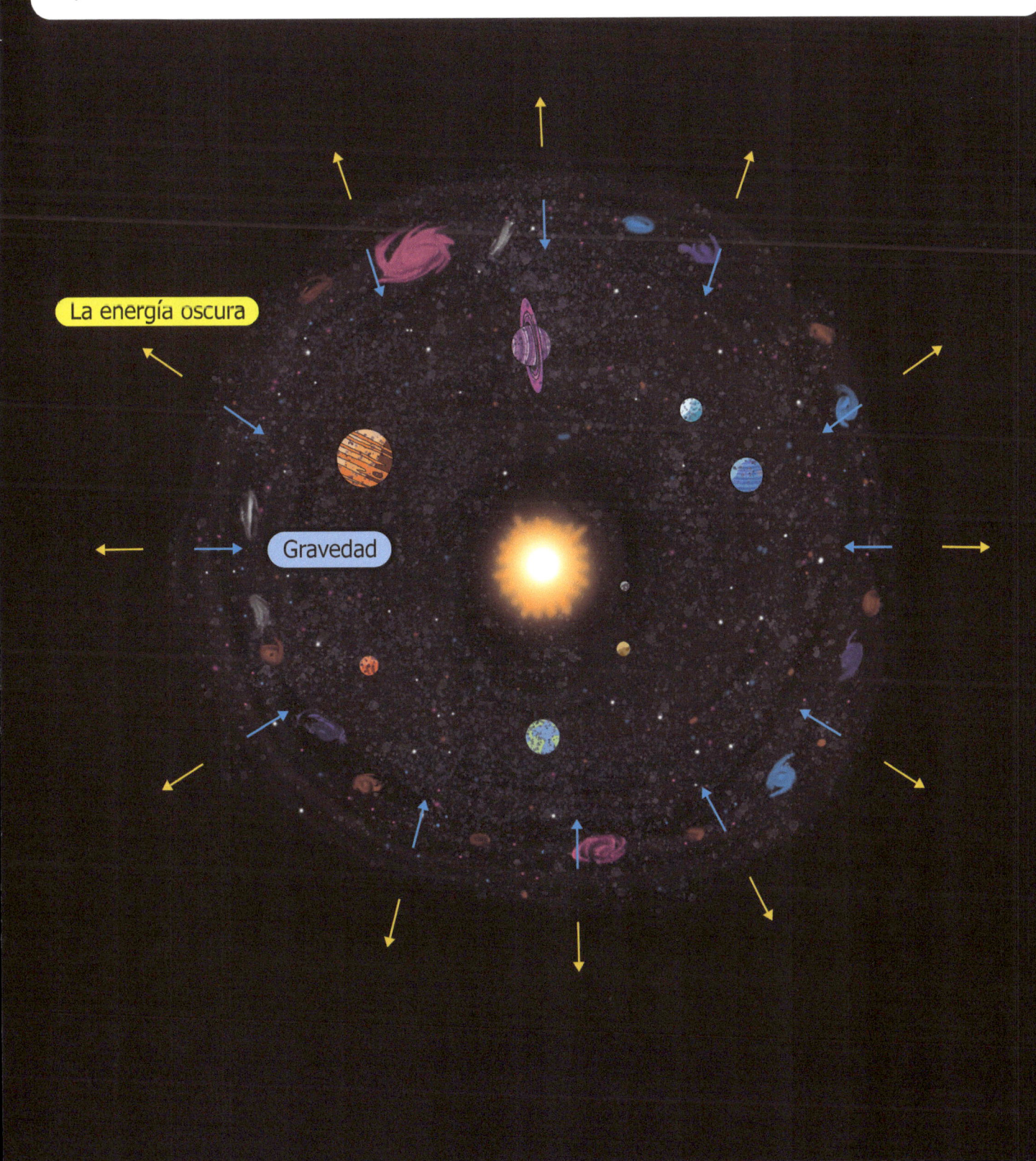

El Big Bang fue el nacimiento de nuestro universo, pero aún quedan muchos misterios. ¿Qué causó el Big Bang? ¿Qué pasó antes del Big Bang? Los científicos creen que un período llamado "inflación cósmica" precedió al Big Bang, en el que nuestro pequeño universo emergente, impulsado por un estallido masivo de energía, se expandió más rápido que la velocidad de la luz. Es posible que la inflación cósmica haya durado sólo una fracción de segundo y no sabemos de dónde provino el estallido de energía. Sin embargo, los científicos creen que la inflación y el estallido de energía que la provocó dieron origen al espacio, el tiempo, la luz, la materia y las leyes de la física que gobiernan nuestro universo. Además, la inflación prepara el escenario para el Big Bang y los casi 14 mil millones de años siguientes. El estallido de energía, sin embargo, sólo añade misterio a nuestro universo. Nuestro universo observable es probablemente parte de una realidad más grande e inobservable. Además, puede haber otros universos distintos además del nuestro. Si bien nuestra comprensión del universo observable ha crecido enormemente durante el último siglo, sólo podemos especular sobre cómo funciona el universo exterior.

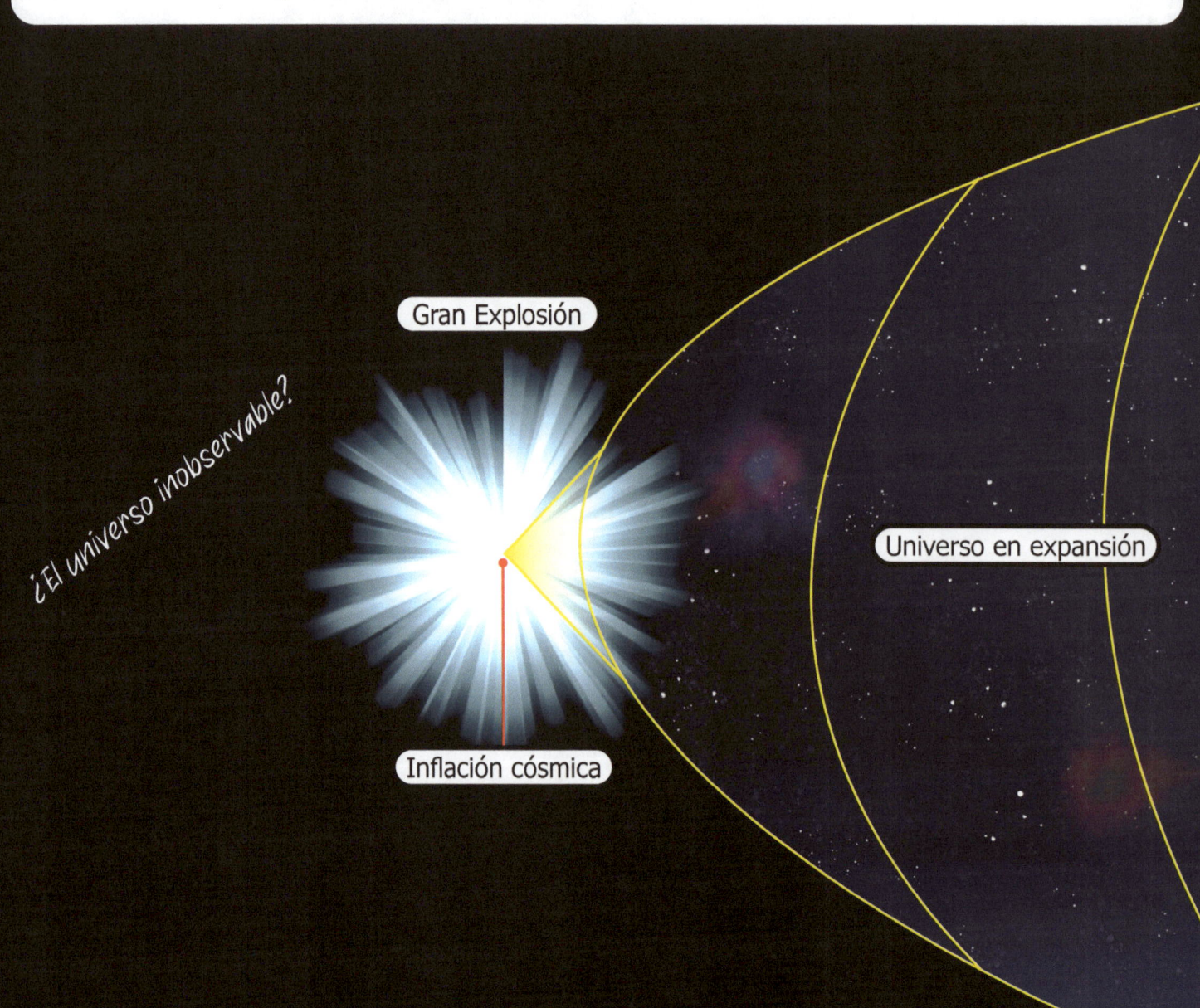

Estos son algunos de los misterios restantes que los científicos todavía están tratando deresolver. Puede que nunca tengamos las respuestas a algunas de estas preguntas, pero la ciencia trata de la búsqueda del conocimiento. Tan sólo en los últimos cien años, nuestro descubrimiento del Big Bang y la formación de estrellas y planetas ya proporciona información fascinante sobre nuestro pasado. Somos sólo una especie, vivimos en un planeta y orbitamos una de los 200 mil millones de billones de estrellas en la inmensidad del espacio exterior. Nuestro universo puede parecer solitario, pero podría estar repleto de vida y es posible que también existan otros universos. Aun así, hasta donde sabemos, somos la única especie que explora activamente los misterios de nuestra propia creación. Si bien es posible que estas investigaciones nunca revelen la razón de nuestra existencia, es de esperar que la búsqueda en sí misma nos permita descubrir nuestro propio significado y propósito.

Otros libros de este autor